LOUIS CONSTANTIN

ROI DES VIOLONS

1624 — 1657

NOTICE BIOGRAPHIQUE

AVEC

UN FAC-SIMILE DE BREVET
DE MAITRE JOUEUR D'INSTRUMENTS DE LA VILLE DE PARIS

PAR

Er. THOINAN

PARIS

J. BAUR, LIBRAIRE-ÉDITEUR

11, RUE DES SAINTS-PÈRES, 11

1878

LOUIS
CONSTANTIN

Roi des Violons

Tiré à 100 Exemplaires

LOUIS CONSTANTIN

ROI DES VIOLONS

1624 — 1657

NOTICE BIOGRAPHIQUE

AVEC

UN FAC-SIMILE DE BREVET
DE MAITRE JOUEUR D'INSTRUMENTS DE LA VILLE DE PARIS

PAR

Er. THOINAN

PARIS
J. BAUR, LIBRAIRE-ÉDITEUR
11, RUE DES SAINTS-PÈRES, 11

1878

LOUIS
CONSTANTIN

ROI DES VIOLONS

(1624 — 1657)

A chronologie des fameux Rois des Violons n'est pas chose facile à établir; car, malgré les recherches consciencieuses et souvent réitérées de quelques érudits, il reste encore à éclaircir bien des points obscurs, à combler bien des lacunes dans l'histoire de la monarchie ménétrière. Il faut donc désormais ne compter que sur le temps et le hasard pour découvrir des documents ignorés jusqu'à ce jour, et à l'aide desquels il sera possible de fixer sans interruption l'ordre de succession au trône des souverains de l'archet. Les philosophes, les violonistes même, ne s'inquiètent pas trop, croyons-

nous, de la solution d'un problème historique aussi important; mais les curieux, moins impassibles, ne seront peut-être pas fâchés de tromper leur attente en lisant l'analyse du règne d'un de ces souverains oubliés; c'est donc pour eux, à leur seule intention, que nous détachons celle-ci de nos notes sur l'illustre corporation des *Ioueurs d'instruments tant hault que bas.*

Louis Constantin naquit vers 1585. Il fut fiancé en 1609 à Marguerite de La Grange, et marié le 20 janvier 1610 en présence de Jehan Constantin « et aultres tesmoings » (1). Ce Jehan Constantin, lui aussi joueur de violon, et qui était le père ou le frère du marié, n'eut pas la même célébrité que celui-ci. Louis acquit de bonne heure une certaine habileté et fut considéré comme un des meilleurs violonistes de son temps; ses compositions lui valurent aussi quelque réputation. On ignore toutefois quels furent ses maîtres et pour son instrument et pour la composition. Son nom, surtout en tant qu'instrumentiste, est toujours cité avec éloge à côté de ceux des virtuoses ses contemporains les plus renommés. Suivant Dassoucy, Apollon, pour séduire Daphné, ne pouvait employer de moyens plus persuasifs que de lui faire entendre la musique :

> *De La Pierre et de* Constantin,
> *Luy mener le jeune Martin*
> *Et monsieur Lambert, son compère.*

De son côté, Mersenne, dans un passage de son *Harmonie universelle,* où il reconnaît plus de mérite à un beau chant qu'à une composition à plusieurs parties, quelle qu'en soit la difficulté, s'exprime de cette manière : « A quoy l'on peut ajouter que plusieurs de ceux qui ont ouy le violon, dont Bocan, *Constantin*, Lazarin, et quelques autres joüent toutes sortes de chansons, avoüent que la partie qu'ils joüent surpasse toutes sortes de concerts, et qu'ils quitteront très-volontiers toutes les compositions à plusieurs voix pour les ouïr, quoy qu'ils ne touchent qu'une partie. » Le père minime, dans un autre endroit de son

---

(1) Constantin habitait, en 1615, la rue de la Huchette.

livre, admet que le son de l'épinette ressemble assez à celui du luth ou de la harpe, et parle de la possibilité d'imiter sur le premier de ces instruments le son de la viole et du violon au moyen d'un mécanisme ingénieux. « Mais je ne croy pas, dit-il, que l'on puisse suppléer les gentillesses de la main gauche, ny les fredons, et les douceurs et ravissements des coups de l'archet, dont les excellents joueurs de violes et de violons, comme les sieurs Maugards, Lazarin, Bocan, *Constantin*, Léger et quelques autres, ravissent l'esprit des auditeurs (1). » Les doutes du musicologue du xviie siècle se sont justifiés, aussi bien pour le piano que pour l'épinette. Toutes les tentatives faites, malgré beaucoup d'ingéniosité dépensée, pour donner à ces instruments le son continu des instruments à archet, n'ont abouti jusqu'ici à aucun résultat satisfaisant.

Le témoignage d'un contemporain du poids du père Mersenne, témoignage consigné dans l'énorme in-folio dont nous l'avons extrait, ne doit laisser aucun doute sur le talent de violoniste de Constantin ; mais désormais il n'est possible d'apprécier son mérite comme compositeur que par un seul morceau de lui, lequel se trouve dans le premier volume de l'inestimable et très-précieuse collection Philidor, possédée par le Conservatoire de Musique de Paris (2). Ce morceau, qui porte la date

---

(1) Nous donnons ici quelques notes sur les artistes cités par Mersenne en compagnie de Constantin. MAUGARS fut un des plus habiles violistes de la première moitié du dix-septième siècle, et un type d'un caractère tant soit peu original, si on en croit les *Historiettes* de Tallemant des Réaux. Il publia en 1639 une brochure d'un grand intérêt sur le *sentiment de la Musique d'Italie*; nous l'avons réimprimée en entier dans l'étude que nous lui avons consacrée sous le titre de : *Maugars, célèbre joueur de viole*, etc. (1865). LAZARIN, qui jouait du violon, était compositeur de la Chambre du roi. Il mourut en 1653 et sa place fut donnée à Lully (Biblioth. Nationale. MS. Fr. 10,252). BOCAN, dont le vrai nom était Jacques Cordier, eut autant de réputation comme maître de danse que comme violoniste. Michel de Marolles, dans ses *Mémoires*, nomme parmi les musiciens célèbres de son temps, Maugars pour la viole, Bocan pour la *poche* et Constantin pour le violon. Quant à LÉGER, nous ne savons si cet artiste mentionné par Mersenne en 1636, au rang des plus renommés, est le même que celui qui, sous le nom de Michel Léger, faisait partie de la bande des vingt-quatre violons du roi et qui fut nommé, en février 1654, conducteur des ballets de la cour.

(2) Voici le titre de ce volume : *Recueil de plusieurs vieux Airs faits aux Sacres, Couronnements, Mariages et autres Solennitez faits sous les Règnes de François I*[er]*, Henri III, Henri IV et Louis XIII, avec plusieurs concerts faits pour leur divertis-*

de 1636, est à six parties, sans indication d'instruments et est intitulée : *la Pacifique*. Fétis dit que cette pièce, dans le style fugué, « annonce du talent, et que l'on y trouve quelques cadences inattendues d'un bon effet. » Dans tous les cas, le bibliothécaire du Conservatoire, notre ami M. Wekerlin, qui a bien voulu, avec son obligeance accoutumée, nous faire une copie de ce morceau, comprendra facilement, puisqu'il l'a lu, que nous lui disions en nous inspirant du père Mersenne, « que nous quitterions très-volontiers l'exécution de *la Pacifique* pour ouïr, quoiqu'on ne touche qu'une partie, » un simple chant expressif et bien rhythmé. Toutefois, si ce morceau ne donne pas une haute idée du compositeur comme mélodiste, l'opinion de Fétis, au point de vue scholastique, n'en subsiste pas moins et lui est favorable à très-juste raison.

Louis Constantin paraît avoir fait partie assez jeune de la musique de Louis XIII, prince qui l'avait en grande estime. Il comptait au nombre de ses amis les célébrités musicales d'alors, et, particulièrement lié avec François Richomme, son confrère à la cour, et de plus roy des violons, il tint à ce que celui-ci fût parrain d'un de ses enfants, né en 1620. A la mort de Richomme, survenue en 1624, Constantin fut appelé à lui succéder, et c'est le 12 décembre de cette même année, qu'il fut investi par son royal patron, le roi-musicien Louis XIII, de l'*Estat et office de Roy et Maistre des Menestriers et de tous les Ioüeurs d'Instruments, tant hault que bas du royaume*.

Son prédécesseur avait dû sévir contre plusieurs musiciens qui cherchaient à éluder certaines prescriptions des statuts de la corporation ; Louis Constantin fut obligé, lui aussi, d'avoir recours à l'autorité du lieutenant civil pour obtenir justice de quelques maîtres qui, « se dévoyants de l'observance des statuts, frustroient par là, tant la chapelle de Saint-Julien que le roy de la communauté des droits qui leur appartenoient. » Sa requête visait encore d'autres joueurs d'instruments qui, quoique non reçus maistres, « entreprenoient des nopces, donnoient

---

sement. Grand in-f°. Le XVII° volume de cette même série, intitulé : *Recueil de Branles*, etc., renfermait plusieurs morceaux de Constantin, mais il a disparu à la suite des deux vols dont la collection Philidorienne a été victime.

des aubades, jouoient dans les cabarets et lieux infâmes, au grand mespris des statuts et à la ruine des maistres de l'art. »

Le lieutenant civil, par une sentence en date du 27 mars 1628, donna gain de cause au royal plaignant et défendit « à tous musiciens de jouer des instruments sans avoir au préalable fait apprentissage pendant six années et expérience devant le roy, comme aussi de jouer dans les cabarets et mauvais lieux des *dessus, basses ou autres parties de violon, ains seulement du rebec*, c'est-à-dire du violon à trois cordes, le tout sous peine de prison, de vingt-quatre livres d'amende et bris des instruments. »

On se conforma bien quelque temps à l'arrêt du lieutenant civil, mais peu à peu les contraventions reparurent et amenèrent de tels désordres que, quinze ans plus tard, Constantin dut encore s'adresser à la justice. Il obtint, le 2 août 1643, un avis du procureur du roi, basé sur le jugement de 1628, qui fut confirmé par sentence du prévôt, le 2 mars 1644; puis, les abus continuant, il ne fallut rien moins qu'un arrêt du Parlement du 11 juillet 1648, pour interdire à tous ménétriers non reçus maîtres et sous les peines précédemment édictées, *d'entreprendre à l'avenir sur l'exercice des joueurs d'instruments de musique*, et de ne jouer d'autres violons *que du rebec*.

Ces tentatives de rébellion, qui se produisirent sous le règne de Constantin, furent le prélude des luttes que ses successeurs eurent à soutenir contre les organistes et clavecinistes; luttes autrement acharnées et toutefois plus légitimes de la part de ces derniers, qui entraînèrent à leur suite la fin des privilèges de la corporation et des prérogatives royales de leur chef.

Louis Constantin fut en somme un roi débonnaire; il n'eut ni l'esprit d'envahissement, ni le goût de la chicane qui devaient distinguer les monarques de l'archet qui régnèrent après lui. Placé à la tête de la Menestrandie, ayant pour mission d'en faire respecter les règlements et d'en défendre les intérêts, il se renferma donc strictement dans les attributions de sa charge, lorsqu'il fit appel à la justice, et ne chercha nullement à empiéter sur les droits des artistes étrangers à sa juridiction.

Le brevet de maître joueur d'instruments, pris dans notre collection et que nous avons fait reproduire avec l'exactitude la plus scrupuleuse, est une pièce d'une grande rareté. A notre connaissance, aucun auteur jusqu'à présent n'avait publié le texte de ces sortes de diplômes; aucun fureteur d'archives, d'autographes et de documents rarissimes, n'avait eu l'heureuse chance de découvrir un autre spécimen de ces curieux parchemins. Il est même très probable que celui-ci, pendant longtemps encore, pourra être considéré comme une pièce unique. Nous en devons la possession à notre ami M. Baluze, arrière-neveu de l'historiographe du xviie siècle ; c'est un devoir et un plaisir pour nous de l'en remercier sincèrement ici (1). Ce brevet fut donné à François Chevalier, artiste appartenant à une de ces nombreuses familles de musiciens existant à ces époques éloignées. On trouve un Chevalier, musicien très en réputation sous Henri III, Henri IV et Louis XIII; quelques auteurs ont dit qu'il fut musicien de la Chambre de ces deux derniers rois, ce qui est vraisemblable, car la quantité de ballets de cour, dont cet artiste composa la musique en partie ou en entier, est considérable. Le catalogue de ces sortes de pièces, rédigé par Michel Henry, lui en attribue au moins une quarantaine. Ce Chevalier était un des notables de la corporation des ménétriers ; aussi son nom figure-t-il parmi les musiciens qui se réunissaient la nuit de la fête de saint Julien, patron de la corporation, et parcouraient la ville en *sonnant* des sérénades et des marches joyeuses composées expressément pour la circonstance. Il avait pour compagnons dans ces promenades nocturnes et musicales, La Motte, Michel Henry, Richaine, Henry l'aîné, Lore, Planson, Fransigne qui composa, lui aussi, un certain nombre de ballets de cour, et Mechaine dont une parente mariée avec Guillaume Mazuel, fut bisaïeule de Molière (2).

(1) M. Baluze, violoniste et grand amateur de lutherie, est très versé dans la connaissance des instruments à archet. Il s'est occupé principalement de la lutherie parisienne et surtout des Archetistes de Paris dont les baguettes reconnues supérieures à celles des luthiers de tous les autres pays, sont aujourd'hui recherchées du monde entier.

(2) Voyez notre brochure : *Un Bisaïeul de Molière. — Recherches sur les Mazuel, musiciens des seizième et dix-septième siècles, alliés de la famille Poquelin.* Paris, Claudin, 1878, in-12.

IE LOVIS CONSTANTIN, Violon ordinaire de la Chambre du Roy, Roy & Maistre de tous les Ioüeurs d'instruments tant hault que bas, par tout le Royaume de France, confesse auoir receu & passé Maistre loüeur d'instruments *François Brualhis* —————— demeurant à *paris* apres l'auoir veu, visité, experimeté & trouué capable, à la charge des droicts deubs à la Chapelle de Monsieur Sainct Iulien, fondée à Paris ruë Sainct Martin : & obseruer les Statuts & ordonnances, dont ledit *Brualhis* —————— m'a ce iourd'huy requis luy vouloir deliurer la presente soubs-scripte, de mon nom, & signée de ma main, pour luy seruir & valoir en temps & lieu ainsi que de raison, laquelle luy ay octroyée. Faict ce *vnzigme* iour de *septembre* mil six cens *cinquante sept*

L.Constantin

Il y eut encore deux musiciens du nom de Chevalier : l'un, joueur de luth du duc d'Orléans, en 1649; l'autre, chantre de la reine mère (1). L'artiste, qui fut *veu, visité, expérimenté et trouvé capable* par Sa Majesté Constantin, était sans doute leur parent; toujours est-il que, reçu plus tard violon de la grande bande de la Chambre de Louis XIV, François donnait sa démission en faveur de son fils François-Florent, en 1676. Ce dernier exerçait encore sa charge en 1712, et son fils Joseph, figurait à cette date parmi les violons de cabinet, autrefois petits violons. Enfin, un autre François-Florent Chevalier, faisait partie de la bande des vingt-quatre violons en 1736, et c'est probablement son nom qui se lit jusqu'en 1770 sur la liste des vétérans de la musique du roi.

Le brevet octroyé à François Chevalier, à la date du 11 septembre 1657, fut un des derniers, sinon le dernier que Louis Constantin signa, car il mourut à la fin d'octobre de la même année, soit après un règne de trente-trois ans. Il demeurait, lors de sa mort, rue des Fossés-de-Nesles, dans une maison portant pour enseigne : *Au Hâvre de Grâce*, et la cérémonie de son enterrement eut lieu à Saint-Sulpice, le 25 octobre 1657.

Un de ses fils, Jean, qui avait eu sa survivance, comme violon ordinaire du roi, était déjà titulaire de cette charge; mais il n'hérita pas de la couronne paternelle. Louis XIV, voulant récompenser de *ses bons et loyaux services,* un autre musicien de sa Chambre, d'un talent plus généralement reconnu, posa cette couronne sur la tête de Guillaume Dumanoir Ier, le 20 novembre 1657, en lui imposant l'obligation d'avoir à indemniser la veuve de son prédécesseur, Marguerite de La Grange (2).

Un Constantin que nous croyons fils de Jean, et par conséquent petit-fils de notre Roi des violons, jouait du hautbois à la cour, en

___

(1) Une demoiselle Marie Chevalier épousa en secondes noces, vers 1645, Guillaume Dumanoir, baladin et joueur de violon de la cour. Cet artiste, comme on va le voir, succéda à Constantin. Il n'y aurait rien d'impossible à ce que le futur roi des violons eût pris pour femme la fille ou la sœur d'un de ses confrères.

(2) Les époux Constantin marièrent, en 1655, leur nièce, Suzanne de la Fontaine, orpheline qu'ils avaient élevée, avec Antoine Desnoyers, violon ordinaire du Roi. (Archives nationales, Y, 192.)

1700. On le voit figurer, à côté des frères André et Jacques Philidor, et de leurs fils Anne et Pierre Philidor, comme taille de hautbois, dans beaucoup de petites pièces en musique que Louis XIV se faisait représenter dans l'intimité, notamment dans la *Mascarade du roy de la Chine* et dans celle des *Savoyards,* toutes les deux mises en musique par André Philidor l'aîné, et jouées à Marly.

C'est là tout ce que nous avons pu découvrir sur ce chef de la maîtrise des musiciens, dans la première moitié du xvii° siècle. Les notes colligées sur ses prédécesseurs sont encore moins précises, puisqu'on ne connaît même que les noms de beaucoup d'entre eux. Après Louis Constantin, vinrent Guillaume Dumanoir I" et Guillaume Dumanoir II, puis le fameux Guignon, dernier roi des violons, et dont le nom, placé à la fin de leur histoire, ressemble assez à une amère plaisanterie du sort sur la couronne ménétrière.

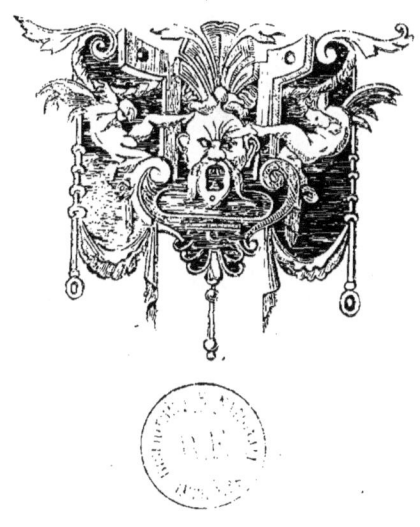

OUVRAGES DU MÊME AUTEUR :

LA MUSIQUE A PARIS. (En collaboration avec M. Albert de Lasalle.) — Paris, Morizot, 1863, in-18.

LES ORIGINES DE LA CHAPELLE—MUSIQUE DES SOUVERAINS DE FRANCE. — Paris, A. Claudin, 1864, pet. in-18.

LA DÉPLORATION de Guillaume Cretin sur le trépas de JEAN OKEGHEM, musicien, premier chapelain du roi de France, trésorier de Saint-Martin de Tours, remise au jour, précédée d'une introduction biographique et annotée. — Paris, A. Claudin, 1864, in-8.

MAUGARS, célèbre joueur de viole, musicien du cardinal de Richelieu, conseiller, secrétaire, interprète du roi en langue anglaise, traducteur de F. Bacon, prieur de Saint-Pierre Eynac; sa biographie suivie de sa RESPONSE FAITE A UN CURIEUX SUR LE SENTIMENT DE LA MUSIQUE D'ITALIE. — Paris, A. Claudin, 1865, in-8, carré.

ANTOINE DE COUSU et les singulières destinées de son livre rarissime : LA MUSIQUE UNIVERSELLE. — Paris, A. Claudin, 1866, in-12.

CURIOSITÉS MUSICALES et autres trouvées dans les œuvres de MICHEL COYSSARD de la Compagnie de Jésus. — Paris, A. Claudin, 1866, in-12.

UN BISAIEUL DE MOLIÈRE, Recherches sur les MAZUEL, musiciens des xvie et xviie siècles, alliés de la famille POQUELIN. — Paris, A. Claudin, 1878, in-12.

RÉIMPRESSION

L'ENTRETIEN DES MUSICIENS PAR LE SIEUR GANTEZ, maître de chapelle à Marseille, Aix, Arles, Avignon, Grenoble, Aigues-Mortes, Toulouse, Montauban, Aurillac, La Châtre, le Havre, Paris et Auxerre, publié d'après l'édition rarissime d'Auxerre, 1643, avec préface, notes et éclaircissements, par Er. Thoinan. — Paris, A. Claudin, in-12, 1878 (XXI et 269 pages).

Achevé d'imprimer

Le dix Juillet mil huit cent soixante-dix-huit

Par ALCAN-LÉVY

www.ingramcontent.com/pod-product-compliance
Lightning Source LLC
Chambersburg PA
CBHW070544050426
42451CB00013B/3170